Michel Ventura

Les attributs du Saint Coran et de la Sunna

Michel Ventura

Les attributs du Saint Coran et de la Sunna

La sagesse islamique

Éditions Croix du Salut

Imprint

Cover image: www.ingimage.com

Publisher:
Éditions Croix du Salut
is a trademark of
Dodo Books Indian Ocean Ltd. and OmniScriptum S.R.L publishing group

120 High Road, East Finchley, London, N2 9ED, United Kingdom
Str. Armeneasca 28/1, office 1, Chisinau MD-2012, Republic of Moldova, Europe
Printed at: see last page
ISBN: 978-620-6-16834-8

Les attributs du Saint Coran et de la Sunna

Livre 1

Al Hamdoulillah est un petit recueil de louanges à Allah le Seul Digne d'adoration de croyances Chiite Duodécimain apparentée à des paraboles en plus de faits avérés dans l'Ordre d'Allah Le Créateur. Je la dédie à Allah le Sanctissime, le Tout-Miséricordieux, le Très-Miséricordieux ainsi qu'à son Prophète Muhammad la lumière des lumières et à sa sainte famille que la paix et les bénédictions d'Allah soit sur lui et sur sa sainte famille. Que Allah hâte la réapparition de notre bien-aimé Imam Al Mahdi le tant attendu aussi grand et humble que sa destiné.

Bismillah Ar Rahman Ar Rahim

Pour la foi

Toutes les prières reviennent à Allah, Le Sanctissime, Le Digne de Louanges, l'Insondable. Par le mystère caché et par le mystère apparents l'homme a été créé faible, et dans sa faiblesse il accumule les lacunes en rejetant et oubliant le rappel du Très Haut, d'un Tout Puissant Miséricordieux qui fixe la mémoire. Il a tracé dans sa Sagesse les sentiers de la droiture où la difficulté est miséricorde, et la sincérité salutaire. *La ilaha illa Lah*, la réponse aux problèmes, la clef de toutes les solutions, la bonne fin des bienheureux. Il est vérité que le faux ne triomphera pas, et il est vérité que chaque pas nous rapproche du trépas. Celui qui court s'arrêtera, et celui qui marche s'allongera. Les premiers et les derniers se jetteront la pierre et ne seront vainqueurs que les véridiques. Les tyrans seront humiliés, les nuques courbées, les plus hauts prosternés. La Foi, voici la montagne du pèlerin et le bon caractère la maison en haut de la cime. Point de distraction dans le cœur d'un croyant, comme le faux qui s'en va au rebut. Point de conjecture dans la bouche d'un croyant, car il ne sait situer où est son cœur. L'éphémère doit disparaître pour que le Vivant, Celui qui Subsiste par lui-même se retrouve Seul dans sa Royauté, comme avant le Commencement tandis que c'est la fin de toute chose. Gloire et louange à Allah Le Majestueux, l'Altissime, Le Protecteur contre son Courroux, Le Parfaitement Connaisseur du visible et de l'invisible. La Majesté Absolue dans sa Toute Puissance et sa Sagesse, dont les Ordres sont Divins et indiscutables, ainsi parce qu'Il s'est prescrit la Miséricorde avant le Châtiment, les infidèles ont pu trahir leurs engagements.

Bismillah Ar Rahman Ar Rahim

Pour les comptes

Les louanges sont à Allah le Maître du Jour Dernier, Maître de la Miséricorde et du Pardon, Maître de toutes choses et de son contraire, façonneur de la lumière et de l'obscurité, Il prédomine sur l'avant et l'après, Il est sans commencement ni fin.

Il est celui qui guide sur les deux voies sans léser quiconque mais ce sont plutôt les traîtres qui se lésent eux-mêmes. Il ne connaît l'injustice mais les injustes le connaissent et redoute sa Justice car il est prompt à rendre compte.

Il a créé les hommes et les djinns pour qu'ils le connaissent et l'adorent en toute humilité sans user de mépris et sans abuser sur sa Seigneurie. Il est un Dieu Unique, Allah le Sanctissime, le Seul à être imploré pour ce que l'on désir et le Seul Digne d'être adoré. Sa création ne le connaît que par ce qu'Il sait lui même attribué tandis qu'elle peine à exprimer ce qu'elle cache dans son cœur. Il est au-delà de toutes similitudes et de toutes comparaisons, ainsi la conjecture ne peut le cerner tandis qu'Il cerne tous de sa science.

Le sommeil est le cousin de la mort et il y a un délai et des prescriptions pour toute chose. Quand une affaire commence Il dit sois et elle est, et quand elle doit se terminer nul ne peut l'avancer ni la retarder, *Inna lilahi wa Inna ilayhi rajiun.*

En recherchant grâce et secours dans leurs malheur, ses serviteurs l'invoquent mais peu sont reconnaissant et peu se souviennent. L'homme est certes en perdition mais Allah soutient le croyant par une parole ferme, véridique, que le faux ne peut atteindre ni de devant ni de derrière.

Gloire à ce Seigneur que rien ne flatte, qui ne subit pas le changement et qui récompense les adorateurs pour la vérité qui sort de leurs bouches.

Mais en vérité nul mérite si ce n'est par la grâce d'Allah et nul véridique s'il n'est point agrée par Allah Sub'han'ahu wa Ta'Ala.

J'implore Allah, mon Seigneur et le votre de prier sur Muhammad "Salla Allahu Alayhi wa Aleyhi wa As-salam" qui ne connaît pas d'égal dans la création. Cet homme qui a reçu le lourd fardeau de la prophétie et qui n'a jamais désespéré de la miséricorde d'Allah. Malgré le mal qui était présent dans toutes les langues, les regards et les intentions à son époque, il n'a jamais péché ni ne s'est comporté en misérable. Il est le chef des deux charges, de ceux qui aspirent à la proximité avec le Créateur, de ceux qui se prosternent humblement. Le millénaire est passé et les siècles se sont rajoutés et j'atteste encore que Muhammad "Salla Allahu Alayhi wa Aleyhi wa As-salam" a bien transmis le Message de son Seigneur et que ses enseignements reflètent entre autres ce qu'il est, un homme a la limite des toute les vertues pour celui qui veut les acquérir.

Tout croyant qui aspire à la félicité doit connaître cette autre homme, Ali "Alayhi As-salam" le héro des musulmans, le défenseur de l'islam, l'épée levée contre les mécréants, la voie de la droiture, celui qui distingue entre le bien et le mal, le croyant ou le mécréant, l'habitant du paradis ou l'habitant de l'enfer par les vertus de la Willaya. Ce valeureux guerrier intrépide qui n'a jamais pâli devant la mort jusqu'à son trépas. Celui qui n'avait pas d'égal non plus, si ce n'est sa femme Fatima Zahra " Alayhi As-salam" la maîtresse de toutes les femmes des mondes, après le décès de notre bien-aimé Prophète "Salla Allahu Alayhi wa Aleyhi wa As-salam". Il est le solitaire, trahi par la jalousie, la rancune et la cupidité. Cette âme seule qui a été gratifiée d'une science qui inonde les peuples et qui les mène sur le droit chemin jusqu'au Jour des comptes. Le temps est passé et la mort a fait son travail, les descendants des descendants sont là et ils se rappellent toujours son nom et le tiennent en respect. J'atteste qu'il a bien transmis son argument contre la création et qu'après lui elle n'a plus d'excuses. Ô Allah, toi l'Altissime, pries sur Ali "Alayhi As-salam" l'humble Successeur de Muhammad "Salla Allahu Alayhi wa Aleyhi wa As-salam" qui a été illustre en cette vie et qui a toujours espéré tes grâces et cherché refuge auprès de toi contre le mal des impies.

Bismillah Ar Rahman Ar Rahim

Pour le Rappel

Je rend louange à Allah le Seigneur des mondes, le Tout-Puissant, l'Unique rédempteur de nos péchés et l'Unique porte ouverte pour l'accomplissement de nos espoirs. Je remercie mon Dieu et le vôtre d'avoir usé de Miséricorde envers sa création en lui donnant la guidé, la sagesse et une maison éternelle où l'on puisse prospérer sans changement et discorde. La force des mots est un changement et la parole du Très-Haut est une encre, il apparaît donc que l'homme ne sait rien et que la stabilité, l'immuable provient d'Allah Sub'han'ahu wa Ta'Ala, Azawajal. La réussite, la gloire, les récompenses viennent d'Allah car il est Doux et Compatissant envers ses serviteurs. Tandis que l'échec, la colère, et le châtiment proviennent d'un manque de discernement et de foi, ainsi s'éduquer soi-même est la gloire du croyant et renoncer aux péchés la meilleur des fuites, chercher le savoir le meilleur des chemins, cultiver son bon caractère le meilleur des bénéfices et troquer son ici-bas contre son au-delà le meilleur des commerces.

Que les prières et les bénédictions d'Allah soient sur Muhammad le sceau de la prophétie ainsi que sur sa sainte famille, les élus d'Allah et les combattants du bien. Connaître sa personne c'est connaître la miséricorde d'Allah le Pardonneur et suivre sa voie c'est prendre le chemin du Paradis éternel. Il est celui pour qui faire la prière était comme boire de l'eau, un privilège réservé aux sincères et aux véridiques, qui se voit mort tandis que leur Seigneur est le Seul Vivant, celui qui subsiste par lui-même, Al-Hayy Al-Qayyum, Al-Aliyu Al-Azim, Al-Karim Al Hakim. Il est le pieux parfait et proche de nous, on ne peut concevoir un Islam sans sa personnalité ni une bonne prière sans prier sur lui et sur sa sainte famille. Énumérer ses qualités et ses vertus est une tâche réservée au temps, car elles sont nombreuses.

En ces jours d'Achoura, nous maintenons le deuil pour le sacrifice de notre tendre et bien aimé Imam Hussein "Alayhi as-salam", le glaive des martyres, l'ornement de la cause des justes et la parole de la résistance face au despotisme et à la mécréance. Ces jours qui ont été sanglants et bénis car l'exemple a été montré et le faux c'est distingué du vrais, ont marqués la destiné des chiites dans cette vie de lutte. Sans cette marche vers le Paradis des terres de La Mecque à Karbala, le mot martyre n'aurait pas été achevé et j'ai bien peur que nous serions retournés aux coutumes de la jahiliya. Hussein "Alayhi as-salam" n'a pas eu peur de se dresser contre le tyran Yazid maudit soit-il, lorsqu'il fallait prêter allégeance à l'hérésie. Il s'est érigé par la grâce d'Allah comme le dernier rempart contre l'injustice et la décadence. Sa valeur n'est plus à faire, elle est accomplie et son courage est un Rappel. Chaque année des rivières de larmes se déversent dans l'océan de l'amertume, parce que l'homme a trahit la parole du Très-Haut et de son Messager quant au respect des liens de parenté. L'habit de la trahison a été endossé par les plus vils des créatures et la lâcheté était leur présent. En ces jours le djihad a trouvé sa mariée et la noce a été célébré à l'expiration du dernier souffle du seigneur Hussein "Alayhi as-salam" sortit du ventre d'une Reine "Alayhi as-salam" et éduquer par le Khalife d'Allah "Alayhi as-salam". Sa proximité avec le Messager d'Allah "Sala'Allahu Alayhi wa Aleyhi wa as-salam" est comme la proximité du doigt avec la bague qu'il porte, si on l'enlève le doit s'attriste et perd de son éclat. Que la malédiction d'Allah, de la création et de ceux qui maudissent soit sur ceux qui on voulu voler les ornements du Prophète d'Allah "Sala'Allahu Alayhi wa Aleyhi wa as-salam", bien qu'ils aient atteint leurs vie jamais la souillure ne les a atteinte, ils "Alayhi as-salam" sont les purs.

Bismillah Ar Rahman Ar Rahim

Pour être guidé

Je rends grâce à Allah le Seigneur des mondes, sans qui rien ne subsiste et qui créa toute chose du néant sans modèle et sans fatigue. Il a fait de la pluie et du vent des signe de sa Miséricorde et du feu une épreuve du Châtiment. Parmi ses créations il y a le jour pour la vie active afin de le glorifier, d'acquérir ce qui nous est profitable ainsi que de se rappeler son Nom. Jour après jour, Il refait une nouvelle création et c'est lui qui donne et c'est lui qui reprend. il est le plus proche de nos bonnes actions et nous nous somme les plus proches de nos mauvaises actions. Ô Seigneur pardonne mes fautes car ton châtiment voit loin et moi ton humble esclave, je ne sais ce que j'acquerrai demain, ni qu'elle temps il fera, ni ce que cache les matrices, ni dans quelle terre je mourais. Ô Allah guide moi dans ton Sentier, nourrie moi de ta science et comble moi de tes faveurs, tu es le Parfaitement Connaisseur sur tes créatures,

l'Omniscient, l'Omnipotent. Ô seigneur tes grâce son infinie et on ne peut rien rajouter à ta Gloire ni rien enlever non plus. Tu es celui qui créa la postérité et le renom, le Dieu Unique, Allah, que nul regard ne peut atteindre alors qu'il saisit tous les regards.
Louange au Seigneur des mondes, le Tout-Miséricordieux, le Très-Miséricordieux, le Digne de Louange et le Seul Digne d'être adoré.

Bismillah Ar Rahman Ar Rahim

Contre le doute

Tout ce qui se meut sous la terre et qui la parcoure, tout ce qui se trouve entre son orient et son occident, entre sa sphère et les cieux, se soumet à Allah de bonne grâce ou contraint, pourtant ils doutent. Aucun des signes de leur Seigneur ne leur vient, sans qu'ils ne s'en détournent, se pensent à l'abri du châtiment et des conséquences du Jour en quoi il n'y a nul doute. Mon Seigneur est Allah " Sub'han'ahu wa Ta'Ala" sa Majesté et sa Gloire sont Éternels, sa Miséricorde et sa Science sont à acquérir, et il donne à qui il veut sans compter parmi ses serviteurs. L'ingratitude ne l'affecte point et il se passe largement des mondes et de leurs attraits. Alors que la reconnaissance amène sa satisfaction et sa proximité, pour tout serviteurs soumis et repentants, qui lorsqu'il se fait du tort à soi-même se souvient de son Nom et de sa Colère, ainsi il voit claire et demande le pardon alors il revient de son aveuglement et de l'égarement. Et qui lorsqu'il fait du bien, ne cherche pas à se procurer plus de biens mais recherche seulement la Face et l'agrément d'Allah Azawajal.

Dans sa création, que de signes de sa Bonté et de sa Miséricorde. Ainsi il a fait du Soleil un allié pour le voyant et de la Lune un allié pour le dormeur. Les étoiles sont les alliés des gens du Ciel et les alliés des voyageurs. Les animaux sont les alliés de la Terre et des hommes, ils

entretiennent celle-ci sans le concours des hommes, et ces derniers s'en servent pour de multiples usages. L'Invisible est l'allié de l'ici-bas, sauf pour les cœurs aveuglés par leurs passions. Si on voulait énumérer ses bienfaits on ne pourrait les compter et c'est Lui qui tient compte de tout.
Il a créé toutes choses harmonieusement avec un but et un délai d'accomplissement. L'harmonie quant à elle est constatée par ceux qui raisonne, le but est atteint par qui Il veut, et le délai est infranchissable. Il a étendu la terre et fait de l'eau sa limite et une source de bénédictions. Elle sort de la terre et descend des cieux vers les régions arides et voilà que les esclaves exultent dans leur insouciance. Il a élevé les cieux sans piliers visibles et fait de ses habitants les élus de son Paradis et voilà qu'ils célèbrent ses louanges dans la Félicité.
Gloire au Seigneur de l'Univers, il n'y a de Dieu que Lui, le Clairvoyant, l'Omniscient, Il sait alors que nous ne savons que ce qu'Il veut, Il sait alors que nous ne retenons que ce qu'Il veut. Il est l'Audient, l'Ultime Secours qui entend l'appel de l'injustice perpétrée par les tyrans orgueilleux et les appels de la veuve et de l'orphelin. Il s'est attribué à lui-même ce qu'Il désire comme Attributs, et nous le reconnaissons par cela même ainsi que par sa création.
Gloire à Allah le Tout-Puissant, le Parfaitement Connaisseur, l'Omniscient, l'Omnipotent.

Bismillah Ar Rahman Ar Rahim

Pour la science

Je prie et je remercie Allah le Seigneur des mondes, le Très-Haut, le Grand, qui m'a octroyé le temps pour rechercher sa connaissance, m'a donné la guidé et a fait de moi un de ses rapproché. C'est lui qui élève

aux niveaux les plus hauts et qui ramène aux niveaux les plus bas, de sorte qu'après la force vienne la faiblesse et après le savoir, l'ignorance. La force sans orgueil, pleine d'humilité envers le faible est la voie de la justice, mais n'est juste que celui qui se rappelle et remercie Allah, même quand le peu se faire rare, car Allah donne sa subsistance à toute âme jusqu'au terme décrété. La science d'Allah est une source d'eau fraîche intarissable comparable à la pluie qui ne cesse de tomber sur la Terre, faisant pousser la végétation afin que les peuples se nourrissent. De cette science on retire ce qui est utile au corps, à l'esprit et surtout au cœur.
Gloire au Parfaitement Connaisseur, Le Pardonneur, qui ne connaît pas d'associer dans sa Royauté et qui pardonne sans jamais faire désespérer de sa Miséricorde. Il a établi la bonté envers les pères et mères et le respect des liens utérins, pour qu'Il puisse prolonger la vie des bons serviteurs, qui reste humble face à ceux qui les entourent et reconnaissant face aux bienfaits d'Allah, Le Tout-Puissant.
Le plus protégé de la critique est celui qui se critique le plus, ainsi celui qui portera le regard le plus juste envers lui-même aura de la part d'Allah un jugement des plus facile, car Il aime les sincères et les véridiques. Ô Seigneur préserve nous des horreurs du Jour des comptes, du Jour où les nourrissons deviendront fardeaux, ce Jour qui donnera des cheveux blancs à l'enfant, du Jour où la mort elle même sera sacrifiée, afin que chacun goûte à quoi il s'est efforcé dans cette présente vie et que le malheur frappe les malfaiteurs et que la félicité touche les pieux d'entre les hommes et les djinns. Ô Allah, Toi Le Sage, Le Doux, ne fait pas dévier nos coeurs après que tu nous ai guidé et ne nous charge pas du fardeau des anciennes générations, je t'en supplie, par l'amour de Muhammad ton élu, qui est venue avec le vérité qui est ta parole, la lumière après l'âge des ténèbres, le remède des cœurs.

Toutes les louanges sont à Allah, le Dieu Unique, qui ne subit pas de changement, celui qui subsiste par Lui même, Al-Aziz Al-Karim, Celui qui Supporte, Celui qui Administre les affaires. Le Détenteur du Trône et de la Puissance, qui c'est Lui-même prescrit la Miséricorde car il est le Compatissant, le Sage.

Bismillah Ar Rahman Ar Rahim

Pour ne pas dévier

Gloire et Pureté à Allah le Sanctissime, le Créateur de toutes choses et de la direction, Celui qui allonge et qui raccourci, Celui qui afflige et qui résout. Le Rappel est sa voix, ancré entre l'homme et son cœur ainsi point de déviation pour les humbles qui se soumettent à sa voie. Sur le chemin d'Allah Sub'han'ahu wa Ta'Ala, Azawajal, se trouve les grâces infinies, un savoir intarissable, qui distingue entre le bien et le mal, le bon ou le mauvais. Cette connaissance connait le mal sans jamais l'approuver et par la permission d'Allah le Tout Miséricordieux elle s'épanouit à faire ce qui lui est correct. Le bienheureux averti du Jour où les voiles seront levés ne se lève qu'avec réserve et amertume car l'ici-bas n'est qu'une étape pour faire des provisions, et qu'elle provision qu'est la piété. Ne sachant ce que cache les lendemains, le croyant se munit de patience et d'endurance, si Allah le veut le mal ne trouvera aucune prise. Le Jour du Jugement, le Châtiment et la Miséricorde d'Allah le Pardonneur seront visibles et le croyant sera récompensé pour sa patience et le malheureux aura sa part sans oubli, pour ses paroles et ses actes. Quand il était avec les siens il se targuait de puissance, s'appuyant sur les jouissances éphémères qu'Allah le Parfaitement Connaisseur avait placé comme épreuve contre sa propre personne. Et quand il comparaîtra, il plaidera l'insouciance disant n'avoir jamais fait le mal si ce n'est par obligation. Pourtant ceux qu'ils prenaient comme préceptes de référence, comme guide à la place des Saints les ont laissés seuls avec leurs acquis car auparavant ils ont oubliés que la tombe est une demeure semblable à l'état du cœur. Ô Seigneur, toi qui me vois telle que je me cache, ne fais pas dévier mon cœur telle que tu l'as créé. Ô Seigneur pardonne moi comme tu me vois et ne me châtie pas comme je suis. Les anciennes générations ont répondues à l'appel du tentateur et leur initiatives ont été vaincues par ton Stratagème qui voit aussi loin que ton Châtiment. Guides moi dans la droiture et le respect de moi-même et donne moi la clairvoyance sur mes actes, ne me prive pas de ta lumière ni de ce qui m'est profitable au quotidien. Éloignes de moi les ténèbres par tes enseignements et donne moi la force d'agir.

Bismillah Ar Rahman Ar Rahim

Contre les malheurs

Louange à Allah le Protecteur de l'égarement, qui Protège contre les assertions du mal et de sa Vengeance contre l'hérésie. La Terre est une prison parsemée de désillusions pour celui qui voit claire tandis que l'aveugle est celui qui se voit bien portant alors qu'il agonise chaque jours passés. Le temps est à Allah le Généreux, là où il n'y a rien il s'y trouve en tant qu'Unique, le Suprême-Contraignent jusqu'aux langues, le Suprême-Allié contre les démons. Ce sont ses derniers qui sèment les ténèbres dans le cœur des deux charges pour la victoire du Mal. Les compagnons du malheur veulent éteindre de leurs bouche la lumière d'Allah mais la prière du pieux ne laisse point de souillures. Ce combat entre Allah et le grand malheureux dans les cœurs et sur Terre ne laisse pas de place pour les excuses de l'ignorant, quand on lui disait, il parlait, et quand on l'écoutait, on le rejeter, son savoir est identique à de la cendre sur un rocher en pleine tempête, il ne peut ni aider, ni protéger. Un cœur coutumier du péché est une antenne du Mal, il a été scellé et un démons vie à travers lui, aveugle, sourd et muet il ne peut sortir de l'égarement sans la guidée venue du Très-Haut, du Très-Miséricordieux. Je remercie Allah de m'avoir protégé des afflictions du Mal, car la volonté dirige la pensée, tout accomplissement est par la permission du Tout-Puissant, du Très-Haut. Le Mal tire son savoir de l'ignorance qui provient de ce qui est interdit par Allah. Dans le royaume d'Allah se trouve les permis à l'intérieur et à l'extérieur les interdits, celui qui sort de la Souveraine Protection d'Allah par sa propre volonté est soumis à la damnation éternelle. En cette vie, la mort n'a de prise que sur le pécheur tandis que l'éternité est à Allah l'Éternel.

Bismillah Ar Rahman Ar Rahim

Pour la clairvoyance

Prospérité et Paix à Allah l'Altissime, le Tout-Miséricordieux, le Très-Miséricordieux, Possesseur de la Toute-Puissance, des armées des Cieux et de la Terre, des faveurs et des dons, de la Balance et du Jugement. Celui qui se rappelle le plus la mort est celui qui s'interroge avant d'être jugé. Alors que le pieux porte son cercueil par l'assistance d'Allah, le Clément, le Doux sans associés, qui embaume la pensée du pur, et qui concrétise les envies et les choix. Le malheureux se perd dans des discussions stériles sur lui-même et l'autre. Il n'est pas le maître de son être, il devient un parasite. C'est Allah le Sage, le Dispensateur qui inspire le bienheureux sur la direction qu'il a tracé sous ses pieds en lui donnant la volonté d'avancer en pleine lumière. Ainsi il voit claire dans ses entreprises et son salaire n'est autre que le paradis, et quel merveilleux gîte. Ô Seigneur préserve moi d'être un mort-vivant, une possession du grand malheureux, une victime du démon, un espion contre moi-même devant Toi le Clairvoyant, l'Audient. Préserve moi de perdre ma raison, cette lumière que Tu m'as donnée afin qu'elle éclaire mon chemin et que je ne trébuche pas dans le Mal. Gloires et Louanges à Allah le Grand qui reçoit les prières ornées d'humilité et de soumission car Il reconnaît ses serviteurs avant qu'ils ne sachent qui ils sont.

Voici des codes pratiques à savoir, en partie pour s'éveiller à la foi et aux bonnes moeurs.

Bismillah Ar Rahman Ar Rahim

L'éducation du petit est la justice du grand. [118] Si ton Seigneur l'avait voulu Il aurait fait de tous les hommes une communauté unique. Mais ils ne cesseront d'être en désaccord [entre eux],

Le guerre du juste est la paix du cœur.

L'âme qui se blâme amène à se connaître.

Bien parler est l'hymne du juste.

Humilier son égo est la première cause du pardon.

L'haleine du mal l'empoisonne.

C'est ce qui sort de la bouche qui empoisonne les gens.

La parole est compté comme un acte et la pensée comme une intention.

Ce que l'on connaît le mieux c'est ce qui nous caractérise le plus.

C'est le péché le plus coutumier ou bien la bonne action la plus commune qui définissent les gens.

Laisse le mal où il est, car sa voix et sa voie sont malheurs.

L'appel du diable égare les gens du Sentier.

La question de l'être est "comment est-ce que j'oublie ?".

La vérité même petite efface les grands mensonges.

Le Haqq a toujours le dernier mot.

Une erreur qui persiste, oublie.

Une femme sans pudeur est une maison sans porte.

Aider son prochain est la force des petits et bien s'entourer la force des grands. [32] Propose-leur la parabole de deux hommes : Nous avions donné à l'un d'entre eux deux jardins [plantés] de vignes que Nous avions entourés de palmiers et placé entre les deux [jardins] un champ cultivé. [33] Les deux jardins donnaient leur récolte sans jamais manquer. Et Nous avions fait jaillir entre eux un cours d'eau. [34] Et il avait d'autres sources de profits, il dit à son compagnon avec qui il conversait : « Je suis plus riche que toi et plus puissant aussi en nombre [en ce qui concerne de cortège, des serviteurs, des troupeaux etc.] ». [35] Il entra dans son jardin et, injuste envers lui-même il dit : « Je ne pense pas que ceci (ce jardin) périsse jamais. [36] Je ne pense pas que l'Heure (la résurrection) vienne, et [même] si j'étais ramené vers mon Seigneur, je trouverais meilleur lieu de retour [que ce jardin] ! » [37] Son compagnon lui dit, tout en conversant avec lui : « Serais-tu [devenu] impie envers Celui qui t'a créé de poussière, puis de sperme, puis t'a donné les proportions d'un homme ? » [38] Quant à moi, [je proclame que] DIEU est mon Seigneur ; et je n'associe personne à mon Seigneur. [39] Que n'as-tu plutôt dis, en entrant dans ton jardin : « C'est [un bien] que DIEU a voulu [octroyer], nulle force si ce n'est [venant] de DIEU ». Si tu me vois moins que toi en richesse et en enfants (si tu me vois apparemment pauvre), [40] [mais] il se peut que mon Seigneur me donne [un bien] meilleur que ton jardin ; [à cause de ta méconnaissance il se peut] qu'Il déchaîne du ciel une calamité équitable [sur ton jardin] et que [ton jardin] ne sera plus qu'un sol nu glissant, [41] ou que l'eau qui l'arrose se perd en profondeur du sol de sorte que tu ne la retrouves plus ». [42] [Effectivement] sa récolte fut dévastée. Aussi se tordit-il les mains [de regret], [se lamentant] sur ce qu'il avait dépensé, et voilà des treillis effondrés. Et il disait : « Ah ! Je n'aurais dû associer nul autre à mon Seigneur ». [43] Et il n'avait nul clan pour le protéger [et sauver le jardin,] contre [le châtiment de] DIEU, ni [trouver] de secours en lui-même. [44] C'est là [que l'on voit] la [souveraine] protection (guidance, amitié, volonté) appartient à DIEU, le Vrai. C'est Lui qui donne la meilleure récompense et [accorde à l'homme] la meilleure fin (issue). "

Le bonheur de tous, c'est faire un.

L'unité des grands sans la cause du petit est égoïste car l'unité des petits est la cause des grands. [16] Salomon hérita de David et dit : « Ô hommes ! nous avons été initiés au langage des oiseaux et [une part de science] de chaque chose nous a été accordée. C'est là une grâce manifeste [de DIEU] ». [17] Les armées de Salomon [composées] de djinns, d'hommes et d'oiseaux, furent rassemblées et bien rangées. [18] Quand ils arrivèrent à la vallée des fourmis, une fourmi dit : « Ô fourmis, entrez dans vos demeures, [de peur] que Salomon et ses armées ne vous écrasent à leur insu ». [19] [Salomon] sourit à cette parole, atteint l'état de rire et [s'adressant à DIEU] il dit : « Seigneur, permets-moi de Te remercier pour les bienfaits dont Tu m'as comblé, ainsi que mon père et [ma] mère, et d'accomplir les bonnes actions que Tu agrées. Fais-moi entrer, par Ta miséricorde, parmi Tes adorateurs saints et vertueux ».

A force de mentir on trompe son monde. [1] Dis : « Il m'a été révélé qu'un groupe de djinns a écouté [mes récitations] et a dit : "Nous avons entendu un Coran merveilleux [2] qui guide sur le droit chemin et nous y avons [sincèrement] cru. Nous n'associerons plus personne à notre Seigneur. [3] Oui, notre Seigneur - que Sa grandeur soit exaltée - n'a ni compagne ni enfant. [4] Notre insensé racontait contre DIEU des choses extravagantes. [5] Et nous pensions que ni hommes ni djinns ne diraient un mensonge sur DIEU,

Parler pour parler amène à la confusion, alors que c'est dans le silence que se trouve la réflexion. [12] Nous avons donné la sagesse à Luqmân : « Sois reconnaisisant envers DIEU ; [car] celui qui est reconnaissant, est reconnaissant pour [le bien de] soi-même ; et quelqu'un qui est ingrat [son ingratitude ne tombe que sur lui-même], DIEU est Riche (Il Se suffit, et c'est Lui qui enrichit tout) [et Il est] Digne de louange. [13] [Rappelez-vous] quand Luqmân dit à son fils en l'admonestant : « Mon fils n'associe [rien] à DIEU, [car Lui] donner un associé est [la plus] grave injustice » [14] Nous avons enjoint à l'homme [d'être bon à l'égard de] son père et sa mère ; sa mère l'a porté [subissant pour lui] peine sur peine et il a été sevré au bout de deux ans. [Ô homme !] sois reconnaissant envers Moi et à l'égard de ton père et ta mère. Le retour est vers Moi. [15] Si [ton père ou ta mère] te forcent de [t'amener à] M'associer ce dont tu n'as aucun savoir, ne leur obéis pas ; comporte-toi, avec eux, en cette vie, d'une façon convenable. Suis le chemin de celui qui revient repentant vers Moi, [car] vers Moi est votre retour et Je vous ferai connaître ce que vous faisiez. [16] [Luqmân continue :] Mon fils, s'il y a [un acte bon ou mauvais, égalant] le poids d'un grain de moutarde, et que cela soit [caché] dans un rocher ou dans les cieux ou sur la terre, DIEU le fera venir (en tiendra compte dans le Jugement). DIEU est Doux (Gracieux) [et] Il connaît tout. [17] Mon fils accomplis la Prière, ordonne ce qu'il faut réaliser [selon la loi divine] et proscris ce qui est blâmable, et sois patient devant ce qui t'atteint. C'est excellent dans les affaires[, une marque de haute qualité de la croyance]. [18] Ne détourne pas ton visage des hommes par arrogance, ne marche pas sur la terre trop content [de toi-même] ; DIEU n'aime point tout présomptueux plein de gloriole. [19] Sois modéré dans ton allure (ta démarche, ta vie), baisse (tempère) ta voix. En effet, la plus désagréable des voix, c'est la voix des ânes ».

Ce qui est drôle est étonnant mais point risible.

Dans la dispute le contrôle de sois a pour limite le silence.

La patience est la vertue du pauvre.[60] [Rappelez-vous] lorsque Moïse dit à son disciple : « Je ne cesserai pas [de parcourir] jusqu'à ce que j'atteigne le confluent des deux mers, dussé-je marcher très longtemps ». [61] Puis, lorsqu'ils atteignirent le confluent des deux [mers], ils oublièrent leur poisson qui reprit son chemin dans la mer. [62] Puis, lorsqu'ils eurent dépassé [le confluent], [Moïse] dit à son disciple : « Apporte-nous notre repas, en effet nous avons rencontré [beaucoup] de fatigue lors de notre présent voyage ». [63] [Le disciple] dit : « Tu sais, lorsque nous nous sommes abrités près du rocher, j'ai oublié le poisson - le Satan seul m'a fait oublier de [te] le rappeler - et [le poisson] a repris prodigieusement son chemin dans la mer ». [64] [Moïse] dit : « C'est ce que nous cherchions ». Et ils retournèrent sur leurs pas, en suivant les traces. [65] Ils trouvèrent un de Nos adorateurs que Nous avions gratifié de Notre miséricorde et à qui Nous avions enseigné une science émanant de Nous. [66] Moïse lui dit : « Puis-je te suivre que tu m'apprennes [un peu] de ce qui t'a été appris [concernant] la rectitude [et la perfection] ? » [67] Il dit : « [Moïse,] avec moi tu ne pourras faire preuve d'assez de patience. [68] Comment serais-tu patient devant ce dont tu ne connais pas les secrets ? (tu ne discernes pas) » [69] [Moïse] dit : « Tu me trouveras patient, si DIEU le veut, et je ne désobéirai à aucun de tes ordres ». [70] Il dit : « Si tu me suis, ne m'interroge sur rien tant que [moi-même] je ne t'en parle pas ». [71] Ils partirent, [arrivés au bord de la mer] ils montèrent sur une barque, il y fit une brèche. [Moïse] dit : « Y as-tu fait une brèche pour engloutir ses passagers ? Tu as commis [là] quelque chose de grave ! » [72] Il dit [à Moïse] : « Ne [t']ai-je pas dit qu'avec moi tu ne pourras faire preuve d'assez de patience ? » [73] [Moïse] dit : « Ne me reproche pas pour ce que j'ai oublié, et ne m'accable pas de difficulté de (dans) mon entreprise ». [74] Ils repartirent. Quand ils rencontrèrent un jeune homme, il le tua. [Moïse] dit : « As-tu tué un individu innocent sans qu'il eût tué personne ? Tu as commis [là] un acte répréhensible ». [75] Il dit [à Moïse] : « Ne t'ai-je pas dit qu'avec moi tu ne pourras faire preuve d'assez de patience ? » [76] [Moïse] dit : « Si je t'interroge encore sur une chose, ne m'accompagne plus. Tu seras excusé [de te séparer] de moi ». [77] Ils repartirent. Quand ils arrivèrent auprès des gens d'un village, ils leur demandèrent à manger, mais [ceux-ci] refusèrent de leur donner l'hospitalité. Ils trouvèrent là un mur qui était sur le point de s'écrouler, et il le redressa. [Moïse] dit : « Si tu voulais, tu pourrais réclamer un salaire pour cela (pour ce travail) ». [78] Il dit : « Voici [le moment de] notre séparation. Je vais t'apprendre l'interprétation (le sens caché) de ce que tu n'as eu assez de patience pour le supporter. [79] Pour ce qui est de la barque, elle appartenait à des pauvres [gens] qui travaillaient en mer. Je voulais l'endommager car il y avait derrière eux un roi qui s'appropriait [injustement et] de force toute [bonne] barque. [80] Quant au jeune homme, son père et sa mère étaient des croyants ; nous avons craint qu'il ne les entraînât dans sa rébellion et son impiété. [81] [Ce fut sur révélation divine et] nous avons voulu que leur Seigneur leur accordât, en échange, [un fils] plus pur et plus affectueux. [82] Et quant au mur, il appartenait à deux jeunes orphelins de la ville, et sous [le mur] il y avait un trésor pour les [deux jeunes] ; et leur père était juste et vertueux [qui, dévoué à DIEU, moralisait et perfectionnait les gens et améliorait leur situation]. Ton Seigneur a voulu qu'ils parviennent à leur maturité et qu'ils déterrent [eux-mêmes] leur trésor, c'était une grâce de ton Seigneur. Je n'ai pas agi de mon propre chef. Voilà l'interprétation (le sens caché) de ce que tu n'as eu assez de patience pour le supporter ».

Guérir les maux du peuple c'est guérir les langues, ainsi celui qui gouverne ne dort pas, que si le coq chante pour son levé. [48] Il nous a été révélé que le châtiment atteindra quiconque nie (rejette) [les signes de DIEU] et tourne le dos" ». [49] [Pharaon] dit : « Et qui est votre Seigneur, ô Moïse ? » [50] [Moïse] dit : « Notre Seigneur est Celui qui donne à chaque chose création (tout ce qui est nécessaire à son existence et sa vie] puis le guide ». [51] [Pharaon] dit : « Quel fut donc le sort des générations passées ? » [52] [Moïse] dit : « La connaissance en est auprès de mon Seigneur dans un Livre. Mon Seigneur ne commet jamais une erreur et Il n'oublie [rien] ». [53] [C'est Lui] qui vous a donné la terre pour berceau, y a tracé des chemins pour vous, a fait descendre du ciel une eau avec laquelle Nous [Seigneur] avons fait germer diverses espèces de plantes. [54] Mangez, faites paître vos troupeaux. Ce sont là des signes pour ceux qui sont doués d'intelligence [saine]. [55] Nous vous avons créés [de la terre]. Nous vous y ferons retourner et Nous vous en ferons sortir une autre fois. [56] Nous lui montrâmes [à Pharaon] tous Nos signes [destinés à lui qui permettaient de conclure à l'existence de DIEU], mais il les traita de mensonges et refusa [d'y croire]. [57] [Pharaon] dit : « Es-tu venu pour nous chasser de notre pays avec ta magie, ô Moïse ? » [58] Nous t'apporterons une magie pareille [à la tienne]. Conviens donc entre toi et nous d'un rendez-vous auquel ni toi ni nous ne manquerons, sur un terrain nivelé [ou, de distance égale pour vous et nous]. [59] [Moïse] dit : « Le rendez-vous sera le jour de la parure (la fête). Que les gens soient rassemblés le matin ». [60] Pharaon se retira, il réunit ses artifices et vint [au jour fixé]. [61] Moïse leur dit : « Malheur à vous ! Ne forgez pas de mensonge contre DIEU ou Il vous anéantira par un châtiment. Quiconque forge un mensonge (une calomnie), échouera ». [62] Ils (Pharaon et les siens) disputèrent entre eux de leur affaire et tinrent secrète [leur] chuchoterie. [63] Ils dirent [aux magiciens] : « Voici deux magiciens qui veulent vous chasser du pays avec leurs magies et abolir votre magistrale doctrine. [64] Réunissez vos artifices et venez en rangs serrés. Heureux qui aura le dessus aujourd'hui ». [65] [Les magiciens] dirent : « Moïse, est-ce toi ou nous qui jetterons les premiers ? » [66] [Moïse] dit : « Jetez [les premiers] ! » Et, par [l'effet de] leur magie, leurs cordes et bâtons lui parurent ramper. [67] Moïse conçut un peu de peur en lui (en son cœur). [68] Nous [lui] dîmes : « N'aie pas peur, tu as le dessus ». [69] Jette ce qu'il y a dans ta main droite, que cela avale ce qu'ils ont fabriqué. Ce qu'ils ont fabriqué [n']est [qu']un artifice de magicien, et le magicien ne réussit pas où qu'il aille. [70] Les magiciens tombèrent prosternés. Ils dirent : « Nous croyons au Seigneur d'Aaron et de Moïse ». [71] [Pharaon] dit : « Vous croyez en Lui avant que je ne vous [y] autorise ? [Moïse] est donc votre maître qui vous a enseigné la magie. Je vous ferai couper mains et pieds opposés. Je vous ferai crucifier à des troncs des palmiers. Vous saurez qui de nous châtie le plus fort et le plus durable ». [72] Ils dirent : « Nous ne te préférerons pas à des preuves que nous avons eues, et [nous ne te préférerons pas] à Celui qui nous a créés. Décrète ce que tu as à décréter ; tu [ne] décrètes [que] selon [tes passions concernant] ce bas monde. [73] Nous croyons en notre Seigneur afin qu'Il nous pardonne nos fautes et la magie à laquelle tu nous as contraints. DIEU est Meilleur et Eternel ». [74] Quiconque vient en criminel devant son Seigneur, à lui l'Enfer où il ne meurt ni ne vit. [75] [Mais] celui qui vient devant Lui en croyant et ayant bien travaillé [utile à la société humaine et pour la cause de DIEU], à lui reviennent les grades éminents [du Paradis], [76] les jardins d'Eden sous lesquels coulent les rivières [paradisiaques], il y vivra [éternellement]. Et voilà la récompense de celui qui purifie son (cœur). [77] Nous révélâmes à Moïse : « Emmène de nuit Mes serviteurs. Fraie leur un passage à sec dans la mer ; tu n'auras pas peur [de la poursuite de l'armée de Pharaon] et tu ne redouteras rien ». [78] Pharaon les poursuivit avec ses armées et la mer [avec ses flots] submergea [Pharaon et ses armées]. [79] Pharaon égara son peuple, il ne le dirigea pas.

Aimer être au centre de l'attention amène à la tyrannie.

Ceux les plus proche des tyrans sont leurs armées, et ceux les plus proche des bons seigneurs sont leurs familles.

La vue et l'ouïe sont les frontières du monde.

Avancer c'est aussi reculer face au mal.

Avoir quelque chose à se reprocher empêche d'avancer.

La victoire du bien c'est perdre son appétit et rester sur sa faim courtoise, car la faim en toutes courtoisies c'est la réserve.

Vaut mieux engraisser les petits pour que les grands soient forts.

La victoire du mal c'est assumer sa faiblesse.

Le bien appelle ses adhérents et le mal les surprend. [71] Le Jour où Nous appellerons chaque groupement d'hommes par leur Imâm[, Livre et Prophète], ceux à qui sera remis leur livret [des actions] dans la main droite, ceux-là liront leur livret [joyeusement] et ne seront pas d'un brin lésés.

Les belligérants du mal sont les mêmes qu'on ne présente pas.

La mort est une des cicatrices de la vie.

L'ardeur du combat rend belle la victoire.

La fermeture est l'entrée des sages.

Dans la discussion se trouve le constat et la réalité.

La chance n'existe pas, il existe juste un premier et un dernier.

Parler de chance devant une bénédiction, c'est remettre en cause la bénédiction.

Un mot de Dieu est multidimensionnel dans l'infini. [1] [Commencer] par le Nom de DIEU le Tout-Miséricordieux, le Très-Miséricordieux. [2] Louange à DIEU, Seigneur des Mondes. [3] Le Tout-Miséricordieux (le Tout-Bienfaiteur, pour tout le monde) [et] le Très-Miséricordieux (qui accorde aux croyants des bienfaits particuliers). [4] Souverain du jour de la rétribution (le jour du Jugement dernier). [5] Toi nous adorons (obéissons) et de Toi nous implorons le secours. [6] Guide-nous [vers et] sur la voie droite. [7] Voie de ceux à qui Tu as accordé [Tes] bienfaits [particuliers] (la Voie des Prophètes) ; non pas [celle] de ceux qui [sont obstinément hostiles aux Prophètes et aux enseignements célestes et] ont encouru [Ta] punition, ni de ceux qui se sont égarés[, ont égaré les autres et ne sont pas sur Ton chemin].

Dieu ne choisit pas, il organise.

Si Dieu créa l'eau, l'eau ne put se réfléchir face à Dieu, tandis qu'elle observait sa propre ombre.

La Vengeance de Dieu est sa Miséricorde envers sa miséricorde. [135] [Mais] quand Nous écartions d'eux le châtiment, et ce jusqu'à un terme fixé qu'ils devaient atteindre, voilà qu'ils violaient leur engagement. [136] Aussi Nous tirâmes vengeance d'eux (les punîmes) et les noyâmes dans la mer, parce qu'ils avaient rejeté Nos signes et y étaient [par obstination] inattentifs. [137] Et Nous donnâmes en héritage, aux gens qui étaient opprimés [et pieux], les orients de la terre et ses occidents où Nous avions placé Notre bénédiction. Ainsi s'accomplit la très belle promesse faite par ton Seigneur aux enfants de Jacob [qui furent honnêtes] pour ce qu'ils avaient patienté [sur Notre chemin]. Nous détruisîmes ce que Pharaon et son peuple [injustement] façonnaient et ce qu'ils faisaient comme treillages.

La reconnaissance pour ce qui ne se compte pas ne peut être atteinte.

Ce qui est visible par la foi, peut être invisible à l'oeil nu.

Les bonnes actions sont une épargne. [38] Toute personne est en gage de ses acquis.

La peur est une injustice dans le cas d'une Aide Divine.

Le bienheureux est repentant et reconnaissant face à son Seigneur.

La bonne fin étant réservé au bien, le mal ne fait que se tourmenter.

Le bien et le mal s'opposent, le bien culmine vers le mérite et le mal vers la bassesse.

La différence entre le bien et le mal, c'est que le mal vie ce que le bien n'aimerait pas vivre.

Chez l'ignorant les regrets viennent après.

Devant un sage Dieu propose la religion.

Le diable devant un sot connaît mieux la religion. [22] Quand tout sera accompli Satan dira : « DIEU vous a fait une promesse vraie, mais moi je vous ai fait une promesse que je n'ai pas tenue [et je vous ai trompés]. Je n'avais aucune autorité sur vous sauf que je vous ai appelés et que vous m'avez répondu. Ne me blâmez donc pas, blâmez-vous vous-mêmes. Je ne vous suis d'aucun secours et vous ne m'êtes d'aucun secours. Je renie (rejette) le fait que vous m'ayez associé [à DIEU] ». Les injustes [obstinés] subiront un châtiment douloureux.

L'enfer est un regret permanent.

Quand on parle du pire, il est toujours à venir.

Le temps est une prison universelle.

On mérite le prix de ses actes. [29] Afin que les gens du Livre sachent qu'ils n'ont aucun pouvoir sur [la possession ou la distribution de] la grâce de DIEU ; et que la grâce est [exclusivement] dans la main de DIEU, Il la donne à qui Il veut [ou, à celui qui la veut]. DIEU détient la grâce infinie.

Les actes ne valent que par leurs intentions.

Les intentions ne valent que par la connaissance.

Le repentir est sincère lorsque l'ivresse des passions est passée.

L'ivresse des passions affiche la pauvreté du coeur.

Pardonner améliore les relations.

La mère des peurs est l'avarice.

Aimer le bon par le bon, aimer la haine par la haine mais dans tous les cas rester courtois.

Se désintéresser de l'ici-bas c'est faire preuve de respect envers Dieu.

Dans l'Univers des concepts le plus grand est la raison vis-à-vis de Dieu.

Dans l'Univers des concepts l'inutile n'existe pas.

Dans l'Univers du vivant, la raison d'être détermine ce qui vie et l'utilité ce qui ne vie pas.

Dans l'Univers des opposés les actes s'annulent et les intentions s'accumulent.

Tout ce qui ce dit est vivant.

Dieu fait parler toute chose.

La raison vis-à-vis de Dieu et l'ignorance vis-à-vis de Dieu s'opposent, le premier stagne dans le bien et le second se rabaisse dans le mal.

La raison est un voyage spirituel.

La raison est un élève discipliné.

Le combat intérieur se gagne par la raison.

Un homme de Dieu est la raison personnifiée vis-à-vis de Dieu.

L'arme de la raison est le bien.

L'ignorance personnifiée vis-à-vis de Dieu est le mal.

L'arme de l'ignorance vis-à-vis de Dieu est le mal.

Une bonne destiné est l'instrument du bien.

De bonnes actions amènent le bonheur.

Un malheureux est l'instrument du mal.

La discipline est un renoncement.

Un fils dans la discipline est forgé de l'expérience du maître.

Le doute provient de l'échec d'interprétation.

Il n'y a que la réflexion entre un échec et une leçon.

L'échec provient d'un manque de discernement.

Le discernement ou la maturité ne sont pas purs, ils le deviennent.

On devient pur en pratiquant les actes de la bonne manière.

Comprendre c'est entreprendre.

Le savoir est utile en toute chose.

Une déduction logique avance une preuve scientifique.

La raison a toujours raison.

Au-delà de la raison se trouve Dieu.

L'infaillibilité est une déduction logique dans le vrai avec les bonnes réponses. [286] DIEU ne propose un devoir à une personne que selon les capacités [de la personne et les possibilités]. En sa faveur ce qu'elle aura acquis [de bonnes actions] et en sa défaveur ce qu'elle aura commis (péchés et injustices). Seigneur ! Ne nous réprimande pas [et pardonne] si nous oublions ou si [à notre insu] faisons une faute. Seigneur ! [une fois que Tu nous aides à nous perfectionner d'un degré, à cause de nos faiblesses] ne nous mets pas une limite comme Tu l'as mise [justement] pour ceux qui nous ont précédés [et pour nous-mêmes dans notre état précédent] (admets-nous de plus en plus dans Ta miséricorde). Seigneur ! Ne nous charge pas de (joies ou tristesses, etc.) que nous ne pourrons supporter ; efface nos fautes [les mauvaises conséquences] ; [agrée notre repentir,] pardonne-nous, fais-nous miséricorde ; Tu es notre Protecteur [Maître, Ami et Guide] ; secours-nous (dans notre patience, piété, savoir et bon comportement que Tu aimes) contre les impies [hypocrites,..., hommes et djinns diaboliques].

Quand l'entrepreneur est malsain, son entreprise est partagé avec le diable, il y dépose ses intérêts. [61] Et [rappelez-vous] lorsque Nous avons dit aux anges : « Prosternez-vous devant Adam », ils se sont prosternés sauf Iblîs (Satan) qui dit [à DIEU] : « Me prosternerais-je devant celui que Tu as créé d'argile (matière) ? » [62] [Satan] dit : « Vois-tu cet être que Tu honores par-dessus moi ? Si Tu m'accordes un sursis jusqu'au Jour de la résurrection, je mettrai la bride à sa descendance (j'essayerai de les dévoyer et les exterminer en les remorquant par mes tentations) sauf un petit nombre (tous les croyants sincères, les élus, les Imâms, les Prophètes) ». [63] [DIEU] dit : « Va ! Celui d'entre [ses descendants] qui te suivra, en vérité, votre châtiment sera l'Enfer, un châtiment abondant (nécessaire et suffisant). [64] Attire par ta voix ceux d'entre eux que tu pourras ; lance sur eux ta cavalerie et tes fantassins. Associe-toi à eux dans [leurs] biens et [leurs] enfants. Fais-leur des promesses. [Sachez que] Satan ne leur promet que des [séduisantes] tromperies.

Les bienfaits ou les effets néfastes viennent de la pureté des actes ou du mauvais comportement. [40] [Ainsi en fut-il] jusqu'à ce qu'advint Notre ordre et que le four bouillonna. Nous dîmes : « Charge [dans l'arche] un couple de chaque [espèce] et ta famille, et ceux qui croient [en DIEU], excepté celui contre qui le décret est déjà prononcé ». [Mais] ceux qui croyaient avec lui étaient peu nombreux. [41] Il dit : « Montez dans [l'arche]. Au nom de DIEU [s'accomplira] sa course et son mouillage. Oui, mon Seigneur pardonne [et Il est] TrèsMiséricordieux [accorde aux croyants des biens particuliers] ». [42] Et la voici qui les emporte dans des vagues [hautes] comme des montagnes. [Lors de l'embarquement] Noé héla son fils qui se tenait à l'écart : « Mon fils, monte à bord [de l'arche] avec nous et ne soit pas (ne reste pas) avec les impies ». [43] [Le fils] dit : « Je vais me réfugier sur un mont qui me mettra à l'abri de [cette] eau ! » [Noé] dit : « En ce jour nul n'est mis à l'abri de l'ordre de DIEU, excepté celui qui serait admis en [Sa] miséricorde ». [L'eau monta] et la vague s'est abattue entre eux, et [le fils] fut du nombre des noyés. [44] Et il fut dit : « Ô terre, ravale tes eaux ! Ô ciel, retiens [ton eau] ! » L'eau baissa. L'ordre fut accompli. [L'arche] se posa sur le [mont] Joudy. Et il fut dit : « Arrière (perdition) ! au peuple des injustes [obstinés] ». [45] Noé [avait] invoqué son Seigneur en disant : « Seigneur, certes mon fils est de ma famille, et Ta promesse est vérité et Tu es le plus juste des juges ». [46] [DIEU avait] dit : « Ô Noé, il n'est pas de ta famille. Il est [devenu] un acte infâme (il est impie obstiné, corrupteur). Ne Me demande pas [de réaliser] ce que tu ne sais pas. Je te conseille que tu ne sois jamais du nombre des ignorants ». [47] [Noé avait] dit : « Seigneur, je me réfugie en Toi, contre ce que je Te demande ce que je ne sais pas (ce que j'ignore s'il s'agit d'un assainissement ou d'une corruption). Et si Tu ne me pardonnes pas et ne me fais pas miséricorde, je serais du nombre des perdants ».

Le bassin de Khawthar est un test, ni boiront que les maîtres du paradis. [23] Telle est la bonne nouvelle que DIEU annonce à Ses serviteurs croyants qui travaillent bien [pour la cause de DIEU]. Dis : « [Moi, Muhammad] je ne vous demande pour cela (communication de ces enseignements) nul salaire, mais seulement l'amitié (la sympathie) due à mes Proches ». Quiconque réalise une belle action (l'amitié), Nous donnerons [une récompense] plus belle encore. DIEU est Celui qui pardonne [les fautes de Ses serviteurs, et Il est] Reconnaissant [et vous accorde des récompenses excellentes].

Les passages du Coran sont extraits de la traduction de Abolqasemi Fakhri.

Livre 2

Avez-vous su de par les Prophètes et Successeurs qu'une parole vie dans le cœur de celui qui s'y attache. Le vrai et le faux se distinguent, l'un est réel, l'autre illusion, et l'illusion du réel est le pire des chemins, cette quête de l'adversaire trouve Dieu dans son mirage qu'il prend pour oasis, et le voici moissonné. Raison est clair et ignorance obscure, c'est-à-dire le bien se voit, et le mal se devine. Sachez cela, votre sécurité vient d'Allah comme le soleil se lève sur bons et mauvais à la fois et votre insécurité de vous même comme le volé qui a préparé son vol. N'acquerissez pas votre malheur et reconnaissez le vrai, voici les paroles séculaires avant le siècles car elles sont vérité de Dieu sur Dieu venu de lui par ses guides et enseignements.

Les lettres de Dieu sont entre autres des portes vers des univers quasi-intemporels mais aussi son alphabet n'a pas de langue car il épouse toute langue du cœur.

Parler aux coeur revient à les connaître et faire taire son âme revient à parler à Dieu par soumission.

Celui qui lit les mots de Dieu du premier sens se perd dans l'immensité, mais le caché est plus court et plus solide.

Il vous a été confié la Willaya, l'alliance de Dieu dans des termes clairs et elle vous a été rendue cachée du fait de l'impiété des cœurs.

Connaître les attributs de Dieu c'est se connaître car un homme peut partager les attributs de Dieu mais pas Dieu.

Qui suis-je? La question de l'âme comme repère.

Quand Dieu fait le bien pour Soi,il est le meilleur en sa religion.

La crainte de Dieu se trouve dans le Tout-Puissant Châtiment Divin.

On ne porte pas la puissance de Dieu c'est elle qui nous porte.

On se répartit les tâches dans une Oumma.

Point de dispute dans un ordre respecté.

Le meilleur est le plus proche de Dieu.

La position de l'humble est service.

En toute chose se trouve un piège sauf dans la parole de Dieu comme l'ancre d'un bateau appelé montagne pour le temps appelé terre ou éphémère.

Pour celui qui réfléchit, la parole de Dieu est vérité sans abus.

L'âme blâme l'être.

La Puissance de Dieu est Majesté.

On enraye le mal à la racine.

Devant Dieu il y a serviteurs et outils.

Devant Dieu il y a vivant ou mort.

Le clair-obscur dans l'action
Les permis sont pour ceux qui prennent, les interdits pour ceux qui s'abstiennent, la Voie entre les deux est clair et obscur ainsi les extrêmes sont clair ou obscur, maîtriser le clair-obscur c'est contrôler sa voie dans la mince frontière avec Dieu.

L'associationnisme pur est de suivre plus ses rêves que la raison.

Le rêve du pieux est le cauchemar du vilain.

La potence
Devant la Face de Dieu
La mort s'efface
Du plus vils au plus pieux
Ressuscitent à leur place
Et s'interrogent
Le temps n'est t'il pas court
Pourtant le nôtre déroge
Il est passé parmis les sourd
Et n'a entendue que vanité
Il a répondu la paix à jamais
J'ai couru après Dounia par mauvais sens
Les témoins sont passés et il y repense

Aujourd'hui mon temps pèse
Et la Balance légère
Mes propre mains me lèsent
Le Juge est sévère
La sentence achevé
Il regarde ce qu'il ne voulait pas voir
La potence des damnés
A eu fin mots de ceux qui ne voulait croire

Le mauvais œil du mauvais sort tari la source.

La Protection Divine
Les démons agissent la nuit par peur du jour, quand Dieu agit la nuit c'est qu'il amène le jour.

Le guide
L'appel élancé du guide
N'est pas à ignorer pour ceux
Qu'il soit lent ou rapide
Voudraient arriver au cieux
Sous bonne garde
Et assistance
Le frère ne regarde
La méconnaissance
Il appel son prochain
Comme il appel son pain
Le pourvoit de ce qu'il a
Le retrouver dans l'au-delà
Cette espoir il a

Bonne fin il y aura

La légende
La légende est attendu
L'héritage est bien lourd
L'Heure est attendu
Avec l'arsenal du four
Alors les mèches tendu
Colporte les ragots
Ne les as entendu
Que l'ombre du sot
La fureur de vaincre
C'est vaincus en premier
Faut-il convaincre
Ceux qui aiment nier?

Le subordonné
L'Administrateur a un subordonné
Dont Il administre les affaires
Pour lui rendre simple d'avancer
Dans les méandres de ses pères
Ce subordonné est passif
Car la mort est active
Il ne veut point de passif
Dans la parole décisive
Venue d'au dessus
En tant que jugement
Pour ce qu'il a cru

Et aussi vue d'antan

Le fils est l'honneur du père.

L'éducation d'un peuple s'avère être les derniers seront les premiers.

Le Vrai est à Dieu.

Les Attributs de Dieu sont infinies sur tout paramètres positifs.

La vie
Par un bruissement
Il a figé le temps
En lui donnant cours
Dans l'espace sourd
Il y a établi la prospérité
C'est-à-dire la parenté
Du meilleur au dernier
Les derniers agissent premiers
Un atome de foi suffit
Bien placé il donne la vie

Le renom
Tout âme se refuse à être ingrate
C'est que sa nature est loyale
En passant du coeur à la rate
De soumission à royale
Par bonne posture
Ou grande Imposture

Un roi est connu outre royaume
Ainsi le bon a la postérité
Et le mauvais la somme
Parmis tous ses égarés

Et qui désespère de la Miséricorde de Dieu sinon les injustes? Dieu ne fait rien endurer d'excessif, Il est avec nous de la manière que l'on comprenne.

Qui peut empêcher le cataclysme de surprendre? En vérité, l'Univers est vivant et nul n'est Dieu que Dieu sans associés et ressemblance, il y a donc Celui qui empêche, et ceux qui empêche par leurs présence.

Qu'est ce qui empêche la météorite ou l'éruption de tomber du ciel? On affirme savoir compter la perte mais ce que l'on acquiert reste flou, ce qui anéantit les récompenses acquises, c'est les vendre pour un vil prix, passer à côté sans comprendre. Ainsi ce qui anéantit un peuple c'est le personnage qu'elle mérite comme chef à la place d'un guide qui arrive à destination, égaré par un égaré le cercle se rabaisse dans leurs voie sans voix. Ils appellent la destruction sur eux-mêmes, ils n'attendent qu'un seul Cri et les voilà étendu. Le cycle de mort se termine et commence.

Salvation
On est demandeur de ce que l'on aime.
Tout âme forgée de corruption
Attaché à l'éphémère de ceux qui sèment
Échange l'éternité contre désillusion
Le temps est une prison
Mais aussi l'illusion

Quand les voiles seront levés
Les cœurs seront bouleversé
Acquisition et damnation
Suivent le traître
Pardon et salvation
Pour le bel être
Point de repère
Sans un père
Point de bonheur
Sans une mère
Car les sœurs
Sont aux frères
Les peuples viennent toujours d'une mère et d'un père.

Le Rappel
Il est une encre situé au centre
Des extrémités de la vue
Et du coeur audiant au centre
De tout ce qui c'est vue
Ainsi éteindre sa voix
C'est éteindre sa lumière
Car celui qui n'a plus voix
Ne voit plus sa lumière
Sachez-le, le vide n'existe pas
Ténèbres remplace lumière
Cela mène à ce qui n'existe pas
Dans un royaume de lumière

Le bien et le mal
Sache que je suis assisté
Et dans mon assistance
J'assiste à devenir prêt
À assister aux récompenses
D'une Intense victoire
À l'imminente défaite
Du mal qui fait croire
Que dans toute quête
Se trouve un bien pour un mal
Un tel être est mis à mal
Par lui même comme animal
Pris dans piège fatal

Le croyant
Autant de bienheureux que de croyants.
Aussi rare tout en sachant
Que le premier des croyants
A le plus grand des talents
Capter la parole du Roi
C'est capter sa voix
Le rappelle de la foi
Sur le chemin de croix
N'est bénéfique qu'à soi
Comme innocence et loi
Ainsi l'absolution du pêcheur
Ne dépend que de son coeur
Coupable mais demandeur
Du temps après l'Heure

Le croyant a toujours un guide.

La pensée est le miroir du cœur.

Le cœur est le miroir de l'être.

A force de penser à la mort on finit par s'empresser dans les bonnes actions.

Le jour de mort est plus important que le jour de naissance individuellement, pour la communauté c'est le jour de naissance qui prime.

L'esprit de Dieu ou rémission de soi.
La lumière de Dieu embrasse toutes choses, elle est sectaire et continue, elle se bonifie avec le cycle, face à sa victoire contre ténèbres, la source ne tarit pas et il y à des serveurs continue, obscurs jugements et damnation seul face à gardien des loups, tristesse et chagrin face à joie et main-forte, le cycle mortel atteint l'égaré du troupeau, la continuité ne s'arrête pas, elle avance.

L'intelligence
Le degré de l'intelligence vient de Dieu et la piété est l'application de la connaissance.
En toute circonstance
Il faut que je pense
Pour éviter les remontrances
De l'âme et de ses vicissitudes
Le roi a pour aptitudes

D'avoir pour royaume son cœur
Où ne siège que Dieu
Sans peur il avance de sueur
On peut dire qu'il est pieux

La leçon
J'ai bu et je me suis assoiffés
Il a prévenu et j'ai transgressé
La faim des interdits m'a amaigri
En vérité ce n'était que du répit
De la colère Divine
Je suis la récolte
De la grâce Divine
Je suis la révolte
Voici ma fin est proche
Et ce n'est qu'un commencement
Voici mon gîte se rapproche
J'ai préparé mon anéantissement
J'ai aimé une femme
A la place d'une autre
En ce Jour qu'elle âme
Prendra la place d'une autre

La mort est pavée d'interdits consommés.

Dieu est au-delà de l'au-delà.

L'intelligence c'est comprendre.

Celui qui aime et qui déteste est porté à jugement.

Celui qui acquiert et qui dépense est amené aux comptes.

N'avoir peur que de Dieu rassure le cœur.

Celui qui entend son cœur est au Paradis.

Je suis ce que je sais.

Demander le pardon c'est avancer sur le droit chemin tandis que demander la connaissance c'est arriver plus tôt que prévu.

La demande du pauvre est plus sincère.

Quand Dieu fait le bien pour l'ingrat, Il le punit.

La haine trouve la faiblesse quand on lui pardonne.

Le malheureux est ce qu'il fait.

Devant le péché, l'âme se blâme et l'esprit se salit.

Le sage n'écoute jamais pour se divertir.

Bien se divertir c'est apprendre.

Un effort est un changement.

L'ignorance pure est oubli.

Une prière éternelle est une pensée saine.

Sans discernement on est pour ou contre.

Sans guide le pour ou le contre ce piège finalement tout seul.

Le guide connu arrive à destination.

Un messager amène un message nouveau.

L'histoire est la volonté de Dieu plus le libre arbitre des hommes.

L'histoire est une.

Les voies de Dieu sont une voix.

Le Prophète rassemble et le Successeur guide.

Les anges
Un ange apporte lumière et Paix, personnage de lumière il a l'intellecte toujours en paix, il permet une protection, une garantie et une correction, le reste de l'homme est la Miséricorde de Dieu ou sa Correction, ainsi ils sont une armée, un hôpital et une santé, celui qui cherche les trouve posté sur les voies d'ascensions.

L'euphorie est comme un gaz.

Il faut être guidé pour arriver à temps.

La négation de toute chose et de son contraire est affaire de folie.

La folie c'est remercier le mal et le désapprouver.

En déclarant les interdits Dieu génère le mal.

La loi du talion préserve la fierté d'un peuple avant que Dieu ne le change.

Plusieurs chemins, une destination, autant arriver premier.

Le croyant ne s'émeut pas devant la foi.

Une invocation vaut mieux que s'émouvoir en discours.

La foi n'a d'amour que Dieu.

Quand l'œil ne voit pas le cœur entend.

Avec Dieu les frontières n'existent pas.

La maison de Dieu se trouve dans le cœur.

Si la femme de Dieu est la religion, son enfant est la responsabilité.

Celui qui n'aime pas la solitude ne réfléchit pas.

Un mariage est familial.

Être amoureux c'est être derrière son bien-aimé tout en étant ses yeux.

Le renom dans la postérité est le paradis de la Oumma.

Un tuteur sans affection est un tyran.

L'utilité du proche se vérifie dans le besoin.

L'espoir de l'enfant est le confort.

L'espoir du jeune est dans ses mains.

L'espoir du vieux est la jeunesse.

Un mal qui procure un bien endort.

La vie a une direction, le vrai ou le faux.

Le mal ne peut éprouver le bien, il est insignifiant.

Dieu éprouve le bien en le fructifiant.

Le plus éprouvé est celui qui a le plus de responsabilités.

Ce n'est pas l'homme qui fait la responsabilité, c'est la responsabilité qui fait l'homme.

Pour changer une histoire il faut en faire partie.

Dieu ne pardonne qu'à un ami.

Un ami de Dieu est toujours présent.

L'amitié est fidélité.

La séparation c'est divergé sur la voie.

Quand je me met en colère, le mal me calme car je rend vaine ses actions.

La colère de Dieu est Justice.

Quand je châtie c'est pour la bonne cause.

Le sommet de la force n'est pas de rester debout mais de se relever.

La meilleure défense est le sacrifice.

Être chez soi c'est être l'élément principal.

La lumière est avec la vie.

Ne pas savoir c'est être aveugle.

Dieu ne peut créer qu'une histoire qui commence par la fin.

Il est un principe, Dieu dépasse la logique, alors comment peut-on comprendre Dieu.

Plus l'on se rappelle, plus c'est proche.

On peut entendre Dieu en écoutant.

Ceux qui se comprennent n'ont qu'une seule voix.

Dans les extrêmes il n'y a qu'une solution.

Les malheureux ont toujours le choix.

Un mort-vivant ne pense pas par soi-même.

Le bonheur de l'avare est de donner ce qu'il récupère.

La tentation est un bruit venant du mal appelé par Dieu.

L'épreuve
Une épreuve venue du Très-Haut
S'apprécie avec intelligence
Car l'injustice n'as pas d'écho
Dans la Parole d'Omnipotence
Les actes s'entretiennent
Et les acquis se souviennent
La corruption éprouve les uns
Incorruptible jusqu'au matin
Et les autres avides du soir
Pour empêcher de croire

Dieu seul assume la charge.

Tenter le mal c'est le faire se contredire.

Tenir en laisse un animal sauvage c'est le dompter.

On entend Dieu quand le juge a bien parlé.

Une guerre intérieure accomplie finit par entendre Dieu.

La paix de Dieu pardonne le péché.

Les meilleures histoires sont celles qui se font connaître.

Dans la nation où les sœurs sont des mères, le paradis s'y trouve.

Dans la nation, nous et je somme égaux.

Une bénédiction est une sécurité.

La paix est sécurité.

Vivre de ses acquis procure la sécurité.

Les bonnes choses s'acquièrent avec respect.

La Miséricorde de Dieu est sincère, elle ne tarit pas et en tant que telle elle ne s'épuise que face au doute vis-à-vis d'elle, qui mène au gouffre du désespoir.

La violence vient du choc entre le bien et le mal.

Le mal est le traître le plus proche.

Le malheureux est l'esclave de plusieurs.

La parole qui créa le commencement était aussi finale.

L'ennui peut rendre méchant.

Les arcanes sont un examen de conscience.

L'hypocrite se parfume.

La raison s'exprime par l'action.

La réflexion

La raison est maître de la réflexion tandis que la logique est raisonnable, ainsi une bonne leçon se voit d'une bonne réflexion, ce discernement pousse les degrés de la raison.

Le sommet de la réflexion est de se rappeler ses erreurs.

Le bien et le mal se dévoilent par les intentions.

Les paroles d'une idole sont énergies, ce sont des ténèbres qui anéantissent les récompenses.

La sorcellerie est un agent maléfique.

Le pieux porte son cercueil.

Il n'y a pas plus silencieux qu'un mort.

Une mort n'est jamais vide de sens.

La colère de Dieu ne se demande pas, pourtant certain l'a quémande.

La pauvreté dans l'ignorance est une double peine.

Le pauvre devenu riche avec paresse est un voleur.

La mort ne manque jamais de séduire le croyant.

Si savoir c'est renaître, le savoir tue.

Le sérieux tue.

Le savoir tue l'innocence.

La mort de l'ignorant est fêtée par sa sagesse.

Les idées du manipulateur sont illusions.

La victoire de l'ascète c'est lui-même.

Le vrai prisonnier de Dieu s'est rendu lui-même, c'est ce qu'est la soumission.

La cure de tout vice c'est refuser le surplus.

Le vrai fou ne demande pas le paradis.

La maladie du cœur est un met empoisonné.

La compassion ressent ce que l'autre ne peut dire.

L'altruisme est un miroir

La joie doit être partagée.

Le modeste est tout ce qu'il faut.

Une prière pour les siens est à avancer pour soi.

Les couleurs de peaux divergent, l'Homme non.

Le cœur

L'âme se nourrit du savoir et l'esprit de bonnes actions et l'être de récompense.

Se mettre en échec c'est se fourvoyer sur les récompenses.

Et agir en contre sens

C'est ce laisser guider par les sens

Or le bon guide n'est pas aveugle

Et le bon chemin est connu

Il n'y a que le troupeau qui beugle

Le coeur dirige la vue

Le troupeau est aveugle

Et le bon guide est connu

L'âme est une peau, elle enregistre le temps.

Les tombes
Je donne à moi même
Quand le bien je sème
Et je me perd
Quand le vent je flaire
Les fondations du monde
Sont les tombes
Alors que le tonnerre gronde
les bénédictions tombes
Ainsi une vie de lutte
Est le meilleur des cultes
Pour éviter la chute
Il n'y a point de tumulte
La sagesse est la vie
Et la vie exprime la sagesse
Sachant le temps d'une vie
Ce sera moi ou la paresse
L'enfer est un regret permanent
Regretter après n'amène pas le pardon
Ils fallait que je sache avant
Pour que le courage soit sous mes talons
Un averti de Dieu n'est jamais seul
Si ce n'est en face de son linceul

Le paradis est cause de l'enfer garant du paradis.

Le mérite n'existe pas sans travail.

Seul le mérite peut dire que tout lui est dû.

Se contenter de son mérite est le dur labeur.

Un entraînement qui se veut d'avancer est inarrêtable.

Le repos après le repos stagne.

Ralentir c'est retarder.

Un éternel débutant à le meilleur rôle.

L'anéantissement après le confort
Quand l'effort de plusieurs converge il y a entraide et donc un partage des bénéfices, quand il vogue à l'obscur il y a zones d'ombres, tandis que vers le clair il y a lumière. L'ombre fuit la lumière résultat de son état, ainsi le faux ne tient pas face au vrai. Pour une bonne récolte il faut un soleil ainsi la récolte qui ne nourrit pas est de misère, la nation qui s'égare y court.

Des usages qui perdurent sont un peuple toujours en vie.

Ne compter que sur son intelligence est une ruine.

L'intelligence se fructifie de la connaissance, ainsi celui qui sait a la raison, pourtant ils doutent de Dieu.

Le point de vue est une direction.

La compétition dans le bien amène les hommes vers la Oumma véritable.

Le visage du mal est mortel car l'on ne meurt ni ne vie.

L'enfer est égal à l'addition vie plus mort.

Porter le visage du mal c'est dévoiler ses intentions.

Celui qui s'est éduqué est un père comblé.

Oublier les valeurs du père c'est perdre son éducation.

Perdre son éducation c'est vendre son âme.

L'autodiscipline est une armure.

L'intelligence amène le libre-arbitre.

Le libre-arbitre est une mince frontière entre l'homme et Dieu.

Dieu propose et on agit.

La Volonté Divine

L'action et l'intention viennent de Dieu par sa Volonté, c'est Lui qui a donné une orbite à tous les astres par sa Volonté, l'air est une mer, si Dieu le voulait Il ferait rester les oiseaux au fond de la mer.

Les acquis

Dieu ne punit pas pour ce que les âmes ont commises mais pour ce qu'elles ont acquises, acquérir c'est posséder ainsi celui qui possède le mal aura l'équivalent, faire ne signifie pas savoir pourquoi l'on fait ainsi celui qui revient du mal aura sa récompense.

Les actes ne valent que par leurs intentions.

La Toute-Puissance est un contrôle.

Pour un présent il faut un passé.

Pour un futur il faut un mouvement.

Sans délai le mouvement est infini.

On marche déjà en Enfer ou au Paradis.

La destiné

La destinée est la joie du pieux
Elle approuve que Dieu a charge
De la Terre et des Cieux
C'est Lui qui prévoit au large
Et Il dirige jusqu'au vieux
Tu ne trouveras pas de partage
Dans son plan silencieux
Ainsi point d'accomplissement
Sans qu'Il est décrété un terme
Alors il propose savamment

L'homme n'a plus que la ferme
Parole donnée sincèrement
A celui qui ouvre et qui ferme

Le bien-guidé n'a pas besoin de se retourner.

Si le temps échappe au mal c'est qu'il appartient au bien.

La vengeance de Dieu est millénaire avant le siècle.

La vengeance contre l'ennemi est d'être ce qu'il ne sera jamais, un vainqueur.

Une arme de guerre est un homme.

La victoire de la défaite est de se relever.

La victoire contre toutes défaites se trouve dans la mémoire.

La plus grande arme du guerrier est sa langue.

La seconde arme du guerrier sont ses mains.

La troisième arme du guerrier sont ses pieds.

L'arme ultime du roi est la pitié.

La pitié du roi arrête l'hostilité.

La pitié pour l'adversaire n'est pas de mise face au meurtrier.

La vie ou la mort

Le guerrier ne connaît l'humiliation car il ne laisse pas vivante la parole mensongère envers lui, il réagit. Le guerrier ne fête aucune victoire tant qu'il connaît plus fort. Le guerrier est imbattable face aux provocations. Quand le guerrier se lance, la mort travail ainsi son pardon est recherché. Le guerrier connaît victoire et défaite les deux faces d'un même combat et il les surpasse, il devient un chef de guerre et son expérience le guide aux portes de la mort, donner sa vie ou donner la mort.

Dieu est le Vivant plus mort que vie.

La vie est un miracle.

La mort est la finalité de la sagesse.

Remercier Dieu pour une bonne intention est un cadeau du ciel, c'est le comble du bonheur.

Être sauvé c'est avoir un garant.

Être riche c'est dépenser dans les bonnes œuvres.

Accomplir vaut mieux que parler.

Bien parler c'est dispenser.

Dispenser c'est donner.

Parler aux cœurs c'est connaître les émotions des autres.

Prêcher la bonne parole revient à combler le vide.

Ne pas endurer c'est ne pas avancer.

Avancer avec patience rend inébranlable.

Personne ne meurt sans déjà être jugé.

Une intercession acceptée par Dieu est demandée sans crainte.

Être programmé c'est être diriger.

On est tous programmés pour agir.

Tout ce qui se crée est matière sauf ce qui sort de la bouche.

La vérité est réalité et le mensonge illusion.

Un ordre est une action.

Une bonne action n'est jamais vide de sens.

Appliquer un bon savoir c'est voir clair.

Le sujet d'ignorance est aveugle.

Dans un monde divisé, l'unanimité est manipulation des mots ou du sens.

Dans un monde divisé, l'union provient de la religion.

Dans un monde unie, la division vient de la mère et du fils car le père s'attache à sa routine pour faire vivre.

La royauté est au père, la gouvernance au fils.

L'exilé de Dieu est un impatient jaloux.

Le jaloux ne sait pas ce qu'il perd.

Un saint donne sa parole et un malheureux la cache.

La permission de faire ne soustrait pas l'obéissance de ne pas faire ce qui est interdit de faire, l'interdiction de faire ne soustrait pas la réflexion.

Le discernement

Être satisfait d'un décret Divin, c'est être satisfait de Dieu, être satisfait de Dieu c'est être bien guidé, sur une bonne voie et être sur une bonne voie c'est voir clair, ainsi être satisfait de Dieu et de ses décrets c'est être clairvoyant. La clairvoyance amène le libre-arbitre car on a du mérite dans ce que l'on fait, se mérite est une arme et une défense forgées par le mérite lui-même, ainsi celui qui mérite un bienfait de Dieu nul ne peut l'empêcher par la grâce de Dieu en tant que récompense ou tentation. Empêcher le bien revient à aimer le mal, ceux qui aiment et qui détestent sont portés à jugement ainsi le jugement du saint d'esprit pour le mal est la réserve sur son malheur, et pour le bien l'accomplissement du bien. Sur

Terre faire état du bien et du mal revient à penser et agir en clairvoyant, ainsi le sujet verra de ses yeux et du cœur les différences culturelles qu'apportent la religion de Dieu sur les mentalités et les usages. Dans un monde uni ou existe paix et guerre, ceux qui sèment le malheur ont un tour d'avance, ceux qui empêchent en ont deux car ils sont assisté par Celui qui Juge par le dernier mot. Une prophétie est maître du temps et de l'espace, elle l'aborde de manière inconnue et distinctive, parfois neutre ou marquée de manière à ce que les concernés comprennent, le reste ne fait que spéculer.

La pensée est un rapport poids-puissance.

La matière spirituelle ajoute à la pensée.

Rien n'est fait par hasard.

La vie a un élément primaire.

Les concepts moteurs sont antérieurs au temps et à l'espace.

Sommaire

Printed by Books on Demand GmbH, Norderstedt / Germany